LECTURES CLE EN FRANÇAIS FACILE

La Belle et La Bête

JEANNE-MARIE LEPRINCE DE BEAUMONT

Adapté en français facile
par Brigitte Faucard-Martinez

Crédits photographiques
- Couverture : alatielin / Adobe Stock
- Page 3 : © BIS / Ph. Coll. Archives Larbor
- Pages 49 et 54 :
Marguerite, Dahlia : Raura / Adobe Stock
Iris : Iconicbestiary / Adobe Stock
Rose, tulipe : Hein Nouwens / Adobe Stock
- Page 50 :
Sirène : Zolotons / Adobe Stock
Dragon : Jan Stopka / Adoce stock
Fée : Ekyaky / Adobe Stock
Ogre : Sararoom / Adobe stock
Vampire : Igor Zakowski / Adobe Stock
- Page 51 :
La belle au bois dormant, Cendrillon, Le petit chaperon rouge :
© BIS / Ph. Coll. Archives Larbor
Le Chat Potté, Le petit poucet : © BIS / Ph. Jeanbor © Archives Larbor

Direction éditoriale : Béatrice Rego
Marketing : Thierry Lucas
Édition : Marie-Charlotte Serio
Couverture : Fernando San Martin
Mise en page : Isabelle Vacher
Illustrations : Conrado Giusti
Enregistrement : Vincent Bund

© CLE international, 2019
ISBN : 978-209-031723-7

N° de projet : 10296387 - Dépôt légal : octobre 2019
Imprimé en France en octobre 2023
par la Société TIRAGE - 91941 COURTABŒUF

JEANNE-MARIE LEPRINCE DE BEAUMONT naît en 1711, à Rouen, dans une famille modeste. Elle fait une formation de professeur et, à 25 ans, elle devient préceptrice[1] de la fille de la duchesse de Lorraine. En 1743, elle se marie avec Monsieur Grimard de Beaumont. Le couple a une fille. Mais Jeanne-Marie quitte son mari à cause de ses infidélités et s'installe en Angleterre. Là, elle s'occupe de l'éducation d'enfants de la haute société anglaise. Pour son travail éducatif, elle commence à écrire des contes. Ainsi paraît, en 1756, *Le magasin des enfants*, livre qui contient *La Belle et la Bête*. Ce livre a un grand succès. L'auteur revient en France en 1747. Elle s'installe à Annecy et meurt en 1780.

---

1. Précepteur(trice) : personne chargée de l'éducation et de l'instruction d'un enfant.

Madame Leprince de Beaumont écrit *La Belle et la Bête* pour l'éducation des enfants.
Dans ce conte, elle fait apparaître un monstre, *La Bête*, dans un but précis. Faire comprendre que la véritable monstruosité est surtout morale et non physique.
La Bête permet en effet aux enfants de s'interroger sur l'être et le paraître : le monstre est laid et a un aspect animal mais La Belle découvre que c'est une créature extrêmement bonne et humaine.
À partir de cette histoire, l'enfant apprend à réfléchir et à accepter la différence et, donc, à devenir plus tolérant.
Ce conte du XVIIIe siècle a plusieurs versions cinématographiques ou musicales. Jean Cocteau, cinéaste français, est l'auteur de l'adaptation la plus célèbre de *La Belle et la Bête*. Son film, de 1946, est toujours très apprécié par les cinéphiles. La dernière adaptation connue est celle des studios Disney, réalisée par Bill Condon, avec les acteurs Emma Watson et Dan Stevens.

Les mots ou expressions suivis d'un astérisque (*) sont expliqués dans le Vocabulaire, page 36.

Quelle est l'origine du conte *La Belle et la Bête* ?

Elle est très ancienne. C'est un conte oral, comme la plupart des contes, que l'on racontait aux enfants le soir à la veillée.

Avant la version de Madame Leprince de Beaumont, une écrivaine, Gabrielle-Suzanne de Villeneuve publie en 1740 une version de *La Belle et la Bête*. En effet, on dit que, pendant un voyage en Amérique, elle a entendu une femme de chambre la raconter.

Son histoire est plus longue que la version de Madame Leprince de Beaumont – elle a environ cent pages – mais elle est très peu connue car on considère Madame Leprince de Beaumont comme la véritable auteur de ce conte populaire très apprécié depuis toujours.

CHAPITRE I

*D*ANS UNE PETITE VILLE, vit un marchand très riche avec ses six enfants : trois garçons et trois filles. Ils ont tous les six une très bonne éducation, donnée par des maîtres spécialement choisis par le père, un homme cultivé.

Les filles sont très belles. Mais on admire surtout la cadette[2]. On l'appelle *La Belle Enfant* et, naturellement, ce nom provoque la jalousie des deux sœurs.

Cette cadette est plus belle que ses aînées[3] mais aussi meilleure.

Ses deux sœurs sont prétentieuses car elles sont riches. Elles jouent aux dames et ne veulent pas fréquenter les filles des autres marchands. Elles les méprisent[4] un peu.

Elles vont tous les jours au bal, au théâtre et aiment faire des promenades.

Elles se moquent[5] de leur cadette car La Belle passe ses journées à lire de bons livres.

Comme les trois filles sont riches, elles ont souvent des propositions de mariage de marchands importants. Mais les aînées refusent de les épouser[6]. Elles veulent trouver un comte ou un duc[7]. La Belle, elle, répond qu'elle est trop jeune. Elle désire vivre chez son père pendant quelques années.

* * *

---

2. Cadette : ici, la plus jeune des filles.
3. Aînées : qui sont nées les premières.
4. Mépriser quelqu'un : considérer une personne comme indigne de son estime.
5. Se moquer de quelqu'un : rire de quelqu'un.
6. Épouser quelqu'un : se marier avec quelqu'un. *Un époux/Une épouse.*
7. Un comte, un duc : personnes nobles.

Un triste jour, le père perd brusquement tout son argent. Il a maintenant uniquement une petite maison assez loin de la ville.

Il réunit ses enfants et dit, les larmes aux yeux :
– Nous devons vivre maintenant dans notre petite maison de campagne, comme des paysans, pour ne pas mourir de faim.
– Non ! s'écrient les sœurs aînées. Ne quittons pas la ville ! Nous sommes pauvres, peut-être, mais ici, nous connaissons beaucoup de jeunes gens et ils vont accepter de nous épouser.

Mais ces demoiselles se trompent. Leurs amis ne veulent plus les fréquenter car elles n'ont pas d'argent. De plus, à cause de leur orgueil, personne ne les aime.
– On ne va pas avoir pitié d'elles, disent les gens. Maintenant, elles vont faire les dames avec leurs moutons.

Mais ils ajoutent :
– Pour La Belle, c'est bien triste ! Elle est si[8] bonne. Elle parle aux pauvres gens avec beaucoup de gentillesse. Elle est douce et honnête.

Plusieurs jeunes hommes riches demandent alors sa main. Mais elle dit non à tous. Elle ne veut pas abandonner son père dans cette mauvaise situation. Elle va le suivre à la campagne, le consoler et l'aider dans son travail.

* * *

Une fois dans la maison de campagne, le marchand et ses trois fils commencent à labourer la terre[9].

---
8. Si : extrêmement, tellement..
9. Labourer la terre : travailler la terre pour pouvoir planter des céréales, des légumes.

La Belle se lève tous les matins à quatre heures pour nettoyer la maison et préparer les repas de toute la famille.

Au début, c'est difficile car elle n'a pas l'habitude de travailler dur. Mais, deux mois plus tard, elle est plus forte et en très bonne santé.

Ses sœurs, par contre, s'ennuient énormément. Elles se lèvent à dix heures du matin, se promènent toute la journée et pensent à leurs belles robes et à leurs amis.

– Notre cadette est vraiment sotte[10], disent-elles entre elles. Elle est contente de notre horrible situation.

Mais le bon marchand ne pense pas comme elles. Il admire le courage de La Belle et, aussi, sa patience. En effet, ses sœurs ne l'aident jamais et l'insultent tout le temps.

---

10. Sot : stupide.

CHAPITRE II

*U*NE ANNÉE PASSE.
La famille vit toujours dans la solitude et la pauvreté. Un jour, une lettre arrive. Elle dit qu'un bateau, chargé de marchandises du père, vient d'arriver au port.
— C'est merveilleux ! disent les sœurs aînées, folles de joie.
Elles vont enfin quitter cette horrible campagne et vivre comme avant.
La veille du départ du père, elles lui demandent de rapporter des robes, des bijoux et autres caprices.
La Belle, elle, ne demande rien. Ils ont besoin de l'argent des marchandises pour vivre, elle le sait. Mais son père lui dit :
— Et toi, La Belle, qu'est-ce que tu veux ?
— Oh... merci de penser à moi, Père... Eh bien... pouvez-vous me rapporter une rose ? Il n'y a pas de belles fleurs ici.
La Belle demande ce cadeau car elle ne veut pas entendre les critiques de ses sœurs.

* * *

Le jour suivant, très tôt, le père monte sur son cheval et part pour la ville. Il doit faire un long trajet[11].
Il arrive enfin au port. Malheureusement, ses marchandises sont en mauvais état à cause du voyage et il ne peut rien vendre.
Triste et désespéré, il décide de rentrer chez lui le soir même.

---
11. Trajet : distance pour aller d'un lieu à un autre..

La nuit commence à tomber. Il se trouve à trente kilomètres de chez lui. Il a envie de voir ses enfants mais, avant d'arriver chez lui, il doit traverser un grand bois* et il se perd.

De plus, il se met à neiger et le vent souffle très fort. Il fait maintenant nuit noire. Le pauvre homme pense qu'il va mourir de froid et de faim. Il avance, avance... mais il ne sait pas dans quelle direction il va.

Tout à coup, au loin, il voit de la lumière... Il se dirige vers elle et découvre que cette lumière vient d'un grand palais* illuminé.

Peu après, il arrive dans la cour. Il descend de cheval et regarde partout.

« C'est étrange, se dit-il, il n'y a personne ! »

Son cheval entre alors dans une grande écurie ouverte. L'animal a très faim. Il se précipite vers du foin[12] et mange avec avidité[13]. Le marchand l'attache et marche vers le palais.

Il entre et se dirige vers une grande salle. Là, il y a un beau feu dans la cheminée et, sur une table, des plats appétissants et un seul couvert[14]

À cause de la neige, le pauvre homme est mouillé et il a froid. Il s'approche du feu et se dit :

« Le maître de maison va bientôt arriver. Il va sûrement me pardonner d'être là, sans permission. »

Il reste un bon moment près du feu. Il est onze heures. L'homme est toujours seul. Il est affamé[15]. Il mange avec appétit du poulet, du pain, du fromage et des fruits et boit

---
12. Foin : herbe séchée pour nourrir les chevaux.
13. Avec avidité : avec beaucoup d'envie, d'appétit.
14. Couvert : objets pour manger : assiette, verre, fourchette, couteau.
15. Être affamé : avoir très faim

un verre de vin. Une fois son repas terminé, il sort de la salle et traverse plusieurs pièces magnifiques. Il arrive enfin dans une chambre. Au centre, il y a un bon lit. L'homme est épuisé[16]. Il ferme la porte de la chambre, se couche et s'endort aussitôt.

* * *

Le jour suivant, il se réveille à dix heures.

À sa grande surprise, il trouve sur une chaise des vêtements très propres à la place de ses vieux habits.

« Ce palais appartient sûrement à une fée*, se dit-il, et elle a pitié de moi. »

Il regarde par la fenêtre. Plus de neige ! Mais un jardin avec des fleurs superbes et de toutes les couleurs.

Il s'habille puis va dans la grande salle du dîner. Sur la table, il y a du chocolat chaud.

– Merci, madame la fée, pour ce petit-déjeuner, dit-il à voix haute.

Il boit un grand bol de chocolat puis sort chercher son cheval. Il passe alors à côté de beaux rosiers.

« Oh, s'exclame-t-il. La Belle désire une rose... elle va être contente. »

Et il cueille une branche qui a plusieurs roses.

À cet instant précis, il entend un grand bruit et voit arriver une bête horrible ! Il commence à trembler de peur.

– Vous êtes un ingrat, dit La Bête d'une terrible voix. Je vous sauve la vie et, pour me remercier, vous volez mes roses... je les aime plus que tout au monde. Vous devez mourir pour réparer votre faute.

Le marchand se jette à genoux et dit :

---

16. Épuisé : très fatigué.

– Monseigneur, pardonnez-moi... pardonnez-moi, ces roses sont pour une de mes filles...
– Je ne m'appelle pas monseigneur, répond le monstre*, mais La Bête. Vous avez des filles, dites-vous. Je veux bien vous pardonner à cette condition : une de vos filles doit venir volontairement mourir à votre place. Partez maintenant ! Si vos filles refusent de mourir pour vous, promettez-moi de revenir dans trois mois.

« Je ne vais pas sacrifier une de mes filles, se dit le marchand mais, au moins, je vais pouvoir les embrasser une dernière fois. »

Il promet donc de revenir.

– Vous n'allez pas partir les mains vides, dit La Bête. Allez dans la chambre. Là, il y a un grand coffre* : remplissez-le avec ce que vous voulez. Je vais faire envoyer le coffre chez vous.

Le marchand retourne dans sa chambre. Il trouve une grande quantité de pièces d'or, remplit le coffre et le ferme.

Puis il prend son cheval et rentre chez lui.

* * *

Ses enfants, heureux de le voir, viennent l'embrasser mais le pauvre homme se met à pleurer et raconte son aventure.

– La Belle, dit-il enfin, prends ces roses ; elles vont coûter très cher à ton pauvre père.

Les deux sœurs de La Belle se mettent alors à crier :

– Avec son caprice, mademoiselle va causer la mort de notre père et, regardez-la, pas une larme !

– Pourquoi dois-je pleurer la mort de mon père ? Il ne va pas mourir. Le monstre veut une de ses filles... eh bien, je vais aller chez lui et sauver notre père.

– Non, ma sœur, disent ses frères. Nous allons trouver ce monstre et le tuer.

– C'est impossible, dit le père. Il est fort et très puissant. Merci La Belle pour ton bon cœur mais je ne veux pas t'exposer à la mort. Moi, je suis vieux, je peux mourir.

– Père, je vous le dis, je vais aller dans ce palais. Je ne peux pas supporter l'idée de votre mort. Je préfère mourir.

Le père insiste mais la Belle refuse de l'écouter.

Fatigué, il va se coucher et, dans sa chambre, il trouve le coffre plein de pièces d'or. Il va trouver La Belle. Il lui parle du coffre et lui dit qu'il est de nouveau riche.

– Père, dit la Belle, si vous êtes à nouveau riche, écoutez-moi. Deux gentilshommes[17] veulent se marier avec mes sœurs. Acceptez, s'il vous plaît. Je désire leur bonheur[18]. Moi, je vais aller chez le monstre, c'est ainsi.

* * *

Le jour du départ de La Belle arrive. Avant les adieux, les deux méchantes sœurs se frottent les yeux avec des oignons pour pleurer mais les frères ont de vraies larmes. La Belle ne pleure pas car elle ne veut pas augmenter leur douleur.

Le soir, le père et la fille arrivent au palais. Il est illuminé comme la première fois. Le cheval va seul directement à l'écurie. Le marchand et La Belle entrent dans la grande salle. Là, ils trouvent un délicieux dîner. Le père est incapable de manger mais La Belle se met tranquillement à table et commence à se servir.

---

17. Gentilhomme : homme de bonne famille.
18. Bonheur : état dans lequel on est quand on est heureux (contraire : *malheur*).

« La Bête me donne un bon repas avant de me manger. », se dit-elle.

Ils finissent leur repas. Ils entendent alors un grand bruit et La Bête apparaît dans la salle.

Quand elle voit l'horrible visage du monstre, La Belle se met à trembler légèrement.

– Vous venez de votre plein gré[19] ?, lui demande La Bête.
– Oui, répond La Belle d'une petite voix.
– Vous êtes bonne, dit le monstre, et je vous remercie. Puis, au père : partez demain et ne revenez jamais ici. Adieu, La Belle !
– Adieu, la Bête ! répond La Belle.

Et le monstre sort de la pièce.

– Ah, ma fille ! dit le marchand, je suis mort de peur. Laisse-moi ici et pars.
– Non, mon père, répond La Belle avec fermeté. Partez demain... La Bête, je l'espère, sera bonne avec moi.

Ils vont se coucher. La Belle pense ne pas pouvoir dormir mais, une fois dans son lit, ses yeux se ferment et elle s'endort.

Dans son sommeil[20], une belle dame apparaît et lui dit :
– Je suis contente de ton bon cœur, La Belle. Ta bonne action sera récompensée.

Le jour suivant, La Belle raconte ce rêve à son père. Le marchand se sent moins triste mais, au moment des adieux, il pleure toutes les larmes de son corps.

---

19. De votre plein gré : librement.
20. Sommeil : état d'une personne qui dort.

CHAPITRE III

APRÈS LE DÉPART DE SON PÈRE, La Belle s'assoit dans la grande salle et se met à pleurer.
« La Bête va me manger ce soir », se dit-elle, désespérée.
Mais la jeune fille est courageuse[21]. Elle sèche ses larmes et décide de se promener dans le palais.
Tout est d'une grande beauté. La Belle est fascinée.
Soudain, quelle surprise ! Sur une porte est écrit : *Appartement de La Belle.*
La jeune fille ouvre rapidement la porte et est éblouie[22] par la beauté du lieu. Tout est magnifique : il y a une grande bibliothèque, un piano et plusieurs livres de musique.
– Je ne vais pas m'ennuyer, dit La Belle à voix basse. Mais... cela veut peut-être dire que La Bête ne va pas me manger tout de suite.
Elle ouvre la bibliothèque. Sur un livre, il y a, écrit en lettres d'or :
Souhaitez, demandez ! Vous êtes ici la reine et la maîtresse.
« Hélas ! se dit-elle, je désire une seule chose : voir mon père. »
Alors... il se passe une chose incroyable ! Dans un grand miroir*, La Belle voit sa maison. Son père arrive. Il a l'air triste. Ses sœurs s'approchent de lui et prennent un air triste également mais, en réalité, elles sont très contentes : leur insupportable sœur n'est plus là !
Peu après, la scène disparaît.

---

21. Courageux : qui a peur mais est capable d'agir.
22. Ébloui : fasciné.

« La Bête est bien gentille de me montrer cela. », se dit La Belle.

Elle se sent mieux. Elle est plus tranquille. À midi, elle va déjeuner dans la grande salle. Pendant le repas, elle entend un excellent concert mais sans voir un seul musicien.

Le soir, elle s'installe de nouveau à table. La Bête entre peu après.

– La Belle, dit le monstre, est-ce que je peux vous regarder dîner ?

– Vous êtes le maître, répond La Belle d'une petite voix.

– Non, répond La Bête. Ici, il n'y a pas de maître mais une maîtresse : vous ! Si vous voulez, je pars tout de suite... Vous me trouvez laid, n'est-ce pas ?

– C'est vrai, dit La Belle. Pardonnez-moi, je ne sais pas mentir. Mais je crois que vous êtes bon.

– Vous avez raison, dit le monstre, et je suis sot aussi.

– Je ne crois pas, dit La Belle.

– Mangez, La Belle et, surtout, essayez de ne pas vous ennuyer dans votre appartement. Je veux vous voir heureuse.

– Vous avez réellement de la bonté, dit La Belle. Votre cœur est beau et, croyez-moi, j'oublie presque votre laideur.

– En effet, je suis bon mais... je suis un monstre.

– Je préfère un homme bon avec votre visage à un homme beau mais ingrat et au cœur faux.

– Merci, La Belle.

La Belle mange avec appétit. Elle a moins peur de La Bête. Mais, soudain, elle croit mourir de frayeur[23] quand La Bête lui demande :

– La Belle, voulez-vous être ma femme ?

---

23. Frayeur : très grande peur.

La Belle reste un long moment silencieuse. Elle a peur de la réaction du monstre car elle va refuser sa proposition. Elle dit enfin, d'une voix très basse :
– Non, La Bête.
La Bête pousse alors un horrible soupir. Puis elle se lève et dit :
– Adieu donc, La Belle.
Et elle sort.
« Pauvre Bête, se dit La Belle, elle est vraiment bonne mais... elle est si laide ! »

* * *

La Belle passe trois mois dans le palais. Sa vie est tranquille et agréable.

Tous les soirs, La Bête vient parler avec elle pendant le dîner.

Chaque jour, La Belle découvre de nouveaux aspects de la bonté du monstre. Comme elle le voit souvent, elle s'habitue à sa laideur. Maintenant, elle n'a pas peur de sa visite et, le soir, elle regarde souvent s'il est neuf heures : l'heure de sa visite.

Une seule chose fait de la peine à La Belle ; avant de partir, La Bête pose toujours la même question : *Voulez-vous être ma femme* ? Et La Belle dit toujours non, un non qui rend La Bête très triste.

Un jour, La Belle lui dit :
– Je suis désolée, La Bête, je ne peux pas vous épouser. Mais, croyez-moi, je serai toujours votre amie.
– Je comprends, répond le monstre, je suis horrible, je le sais. Mais promettez-moi une chose : de rester toujours avec moi.

La Belle rougit[24] et dit :
— Je veux bien promettre de rester presque toujours mais... je désire voir mon père. Si je ne peux pas, je sens que je vais mourir de peine.
— Je préfère mourir moi-même, dit La Bête, que de vous voir triste. Je vais vous envoyer chez votre père et, pour moi..., ce sera la fin.
— Non ! s'écrie La Belle en larmes. Je vous aime beaucoup et je ne veux pas provoquer votre mort. Je promets de revenir dans huit jours. Mes sœurs sont mariées et mes frères sont à l'armée[25]. Mon père est seul et malheureux.
— Demain matin, vous serez avec lui. Mais n'oubliez pas votre promesse ! Chez votre père, laissez votre bague* sur la table, près de votre lit pour signaler votre retour. Adieu La Belle, dit le monstre avec un soupir.
Puis il part.
La Belle se couche. Elle pense à La Bête et à sa douleur.

---

24. Rougir : avoir le visage rouge à cause d'une émotion.
25. Armée : forces militaires d'un pays.

CHAPITRE IV

*L*E MATIN, La Belle se réveille dans sa chambre, chez son père. Elle est folle de joie !
Elle descend vite l'escalier et rencontre la servante[26]. Quand elle voit La Belle, cette dernière pousse un grand cri. Le père arrive : il n'en croit pas ses yeux[27], sa fille est là ! Il prend la jeune fille dans ses bras et se met à pleurer de bonheur.

Le père et la fille parlent pendant un long moment puis La Belle monte dans sa chambre pour s'habiller. Là, elle trouve un grand coffre plein de magnifiques robes, couvertes d'or et de diamants.

En pensée, La Belle remercie La Bête de ses attentions puis elle appelle son père et la servante et dit :

– Voyez comme La Bête est généreuse.

Elle choisit ensuite la plus simple des robes et demande à la servante de plier les autres.

– Je vais les offrir à mes sœurs, dit-elle.

Dès qu'elle prononce ces mots, le coffre disparaît.

– La Bête veut sûrement que tu gardes tout cela pour toi, dit le père.

Aussitôt, le coffre apparaît à nouveau.

Pendant que La Belle s'habille, on va prévenir les sœurs de son arrivée.

Elles arrivent peu après avec leur mari.

Toutes les deux sont, en réalité, très malheureuses.

L'aînée est mariée à un très beau gentilhomme. Mais

---

26. Servante : femme chargée de servir les personnes de la maison où elle travaille.
27. Il n'en croit pas ses yeux : il ne peut pas croire ce qui arrive.

il ne s'intéresse qu'à lui-même et méprise la beauté de sa femme.

Le mari de la deuxième est un homme très intelligent mais il adore se moquer des autres et surtout de sa femme.

Quand les deux sœurs voient La Belle habillée comme une princesse, elles sont très jalouses.

La Belle parle de sa vie au palais, de la bonté du monstre et dit que, d'une certaine manière, elle est heureuse. Cela augmente leur jalousie. Elle raconte ensuite qu'elle peut rester seulement huit jours.

Les deux sœurs sortent dans le jardin.

– Pourquoi cette créature est plus heureuse que nous ? dit l'une d'elles.

– Ma sœur, dit l'aînée, j'ai une idée. Obligeons La Belle à rester plus de huit jours. Sa stupide Bête, très en colère, va sûrement la dévorer.

– Tu as raison, dit l'autre avec un sourire mauvais.

Elles vont de nouveau voir La Belle et lui parlent avec douceur et amabilité.

Huit jours passent. C'est le moment du départ.

Les sœurs de La Belle viennent la voir. Avec un air très triste, elles demandent à La Belle de rester huit jours de plus. Elles sont si contentes d'être avec elle !

La Belle ne sait pas quoi faire. Elle veut rester mais elle pense à La Bête. Elle l'aime de tout son cœur et elle ne veut pas lui causer du chagrin[28]. Mais elle finit par accepter de rester.

* * *

La Belle est chez son père depuis dix jours.

---

28. Chagrin : peine, tristesse.

La nuit, elle fait un rêve étrange : elle est dans les jardins du palais et elle voit La Bête couchée dans l'herbe... elle est en train de mourir !

La Belle se réveille et se met à pleurer.

« Je suis méchante, se dit-elle. Pourquoi je fais de la peine à La Bête ? Elle est bonne, c'est la chose la plus importante. Je sais qu'avec elle, je peux être plus heureuse que mes sœurs avec leur mari. Je n'ai pas d'amour pour elle, mais j'ai du respect et de l'admiration. Elle ne mérite pas d'être malheureuse. »

Alors, La Belle se lève, met sa bague sur la table, près de son lit, et se couche à nouveau. Elle s'endort aussitôt.

CHAPITRE V

LE MATIN, La Belle se lève dans le palais de La Bête. Elle est contente. Elle met une belle robe et attend avec impatience neuf heures du soir, heure de la venue du monstre. Mais La Bête n'apparaît pas.
Un peu inquiète, elle la cherche dans le palais. Personne. Elle court, ouvre toutes les portes. En vain. Elle se souvient alors de son rêve et, désespérée, elle se précipite dans le jardin. Là, elle trouve La Bête couchée, sans connaissance[29]. Elle croit qu'elle est morte !
Elle se jette sur son corps et sent battre son cœur. Elle va vite chercher de l'eau et la jette sur la tête de La Bête.
La Bête ouvre les yeux et dit à La Belle :
– Et votre promesse ? Je ne mange plus depuis trois jours... je vais mourir mais je meurs content car j'ai le plaisir de vous voir une dernière fois.
– Non, ma chère Bête, vous n'allez pas mourir mais vivre pour être mon époux. Je vous donne ma main... mon amitié est, en réalité, de l'amour. Je sens que je ne peux pas vivre sans vous.
Alors, tout devient magique ! Le palais brille de mille lumières, il y a des feux d'artifice et on entend une belle musique. La Belle est émerveillée[30]. Elle se tourne vers la Bête mais... que se passe-t-il ? Elle n'est plus là. À sa place, La Belle voit un très beau prince*...
– Merci, dit le prince, grâce à vous mon enchantement* cesse enfin.
– Mais, demande La Belle, perdue, où est La Bête ?

---
29. Sans connaissance : inconscient.
30. Émerveillé : rempli d'admiration

– Là, devant vous.
– Mais...
– Tout cela est dû à un sortilège*...
– Comment cela ? demande La Belle.
– C'est l'œuvre d'une méchante sorcière* : condamné à avoir l'aspect d'un monstre à jamais sauf si une jeune fille, émue par ma bonté, accepte de m'épouser. Et cette jeune fille, c'est vous ! Je suis heureux de vous offrir ma couronne.

La Belle prend la main du beau prince pour le relever. Ils vont ensemble au palais. Dans la grande salle, La Belle retrouve toute sa famille. À côté de son père, il y a la belle dame de ses rêves.

– Belle, lui dit la dame qui, en réalité, est une grande fée, pour vous la bonté est plus importante que la beauté. Souvenez-vous de ma phrase : *ta bonne action sera récompensée* ! Et voilà votre récompense : être une grande reine. Quant à vous, mesdemoiselles, dit-elle aux sœurs, je connais votre cœur et votre méchanceté. Devenez deux statues mais conservez votre conscience sous la pierre qui va vous envelopper. Vous allez rester à la porte du palais de votre sœur. Si vous reconnaissez vos fautes, vous allez revivre. Mais je sais qu'un cœur méchant et jaloux ne peut pas changer.

Alors, d'un coup de baguette magique*, la fée transporte tout le monde dans le royaume du prince.

Le prince et La Belle se marient quelques jours plus tard et commencent une nouvelle vie pleine de bonheur et de joie.

VOCABULAIRE

L'univers des contes et du merveilleux

Objets

La bague : elle est magique car elle permet d'indiquer quand La Belle va revenir au palais de La Bête.
Le coffre : il apparaît souvent dans les contes. Il peut contenir des trésors, de l'argent (comme dans ce conte), des objets précieux, peut voler, etc.
La baguette magique : elle est utilisée par la fée pour faire des sortilèges, c'est-à-dire des actions magiques : transformer les gens en animaux, en statues, les transporter dans un autre endroit, etc.
Le miroir : dans ce conte, le miroir permet de voir des scènes qui se passent dans un autre endroit.
Lieue : une unité de mesure au Moyen Âge.

Personnages

La fée : femme imaginaire qui a des pouvoirs magiques. Elle peut être bonne ou méchante.
Le monstre : créature qui surprend par son physique : il a parfois une forme animale (comme dans ce conte) ou humaine mais hors norme. Il fait souvent peur et inquiète à cause de sa différence.
Le prince : ici, representé sous la forme d'un monstre, il va reprendre sa forme humaine si une jeune fille honnête lui donne son amour.
La sorcière : personne qui pratique la magie. Ici, elle transforme le prince en monstre.

Lieux

Le bois : étendue d'arbres ; le bois est souvent un lieu où on se perd et où on rencontre des êtres étranges et mauvais.

Le palais : endroit magnifique où vit le héros ou l'héroïne du conte.

Actions

Faire des enchantements : réaliser une opération magique.

Jeter un sortilège, un sort : jeter un maléfice, faire une action magique.

ACTIVITÉS

Chapitre I

1) Répondez par vrai ou faux.
a) Le marchand a quatre enfants.
b) Les sœurs aînées sont antipathiques.
c) La Belle est une jeune fille rebelle.
d) Elle aime la lecture.
e) Elle veut se marier très vite.

2) Cochez les bonnes réponses.
a) La vie du marchand et de ses enfants
   change complètement parce que...
   1. le père se marie de nouveau. ❒
   2. le père est malade. ❒
   3. le père perd sa fortune. ❒

b) Dans la maison de campagne...
   1. toute la famille travaille beaucoup. ❒
   2. seuls les trois frères et La Belle travaillent dur. ❒
   3. la Belle passe sa journée à lire. ❒

c) Le père pense que La Belle est...
   1. égoïste. ❒
   2. admirable. ❒
   3. méchante avec ses sœurs. ❒

3) Trouvez, dans la grille, le contraire des adjectifs suivants.

laid – vieux – intelligent – bon – riche

K	Z	M	P	I	U	G
Y	J	E	U	N	E	D
V	W	C	S	A	Q	Y
C	H	H	K	L	F	B
O	P	A	U	V	R	E
T	G	N	L	G	K	A
S	O	T	W	P	M	U

Chapitre II

1) Répondez par vrai ou faux.
a) Le père reçoit une lettre et part.
b) La Belle demande une belle robe.
c) Le père vend à bon prix ses marchandises.
d) Il se perd dans les bois.
e) Il arrive dans le palais d'un prince.

2) Cochez les bonnes réponses.
a) La Bête veut tuer le marchand parce qu'il...
   1. vole de l'argent. ❐
   2. vole des roses. ❐

b) La Bête accepte de pardonner au marchand à une condition :
   1. une de ses filles doit venir vivre au palais. ❐
   2. il doit travailler pour La Bête jusqu'à la fin de sa vie. ❐

c) Le marchand retourne au palais avec...
   1. ses trois fils. ❐
   2. La Belle. ❐

3) Formez, avec ces syllabes, quatre mots du vocabulaire des repas.

      COU – POU – FRO – LAT – VERT
      MA – CHO – LET – GE – CO

4) Citez deux éléments qui montrent que La Bête attend le marchand.

....

**5) Rencontre de La Belle avec La Bête.
Cochez les bonnes réponses.**
a) La Belle...
 1. a un peu peur. ❒
 2. crie. ❒

b) La Bête est
 1. agressive avec La Belle. ❒
 2. aimable avec La Belle. ❒

Chapitre III

1) Cochez les bonnes réponses.

a) Au palais, La Belle a...
   1. un appartement. ❐
   2. une toute petite chambre. ❐

b) Le premier jour, La Bête vient voir La Belle pendant...
   1. le déjeuner. ❐
   2. le dîner. ❐

c) Dans le miroir, La Belle voit...
   1. le monstre. ❐
   2. sa famille. ❐

d) La Bête vient voir La Belle tous les jours à...
   1. neuf heures du matin. ❐
   2. neuf heures du soir. ❐

2) Trouvez, dans la grille, le féminin des mots suivants.

maître – mari – roi – prince – frère

Z	T	A	H	F	E	M	M	E
B	G	C	Y	O	R	A	P	L
D	I	K	U	P	S	I	O	E
O	S	Q	R	E	Q	T	Y	I
I	D	B	E	U	W	R	H	S
K	R	A	I	J	X	E	D	O
P	R	I	N	C	E	S	S	E
F	N	R	E	Q	L	S	J	U
U	W	K	P	L	M	E	G	R

3) Répondez par vrai ou faux.
a) Dans le palais, La Belle s'ennuie beaucoup.
b) Elle trouve des qualités à La Bête.
c) Elle accepte de se marier avec le monstre.
d) Elle désire voir son père.
e) La Bête refuse.
f) La Belle peut partir seulement huit jours.

4) Cochez la bonne réponse.
Comment La Belle va signaler à La Bête son retour au palais ?
a) Elle va écrire une lettre. ❐
b) Elle va parler dans le miroir. ❐
c) Elle va mettre sa bague sur la table, près de son lit. ❐

Chapitre IV

1) Répondez par vrai ou faux.
a) Chez son père, La Belle trouve un coffre plein de robes.
b) Elle choisit la plus belle pour elle.
c) Ses sœurs sont contentes de la voir.
d) Elles sont très heureuses avec leur mari.
e) Elles ont un plan pour se débarrasser de La Belle.

2) Cochez les bonnes réponses.
Quels sont les adjectifs qui correspondent aux sœurs de La Belle ?
a) aimables ❒
b) jalouses ❒
c) douces ❒
d) hypocrites ❒
e) méchantes ❒

3) Formez cinq couples avec les mots suivants.

jour – rose – maître – nuit – or
chambre – servante – jardin – lit – bague

4) Trouvez, dans la grille, le féminin des adjectifs suivants.

fou – sot – bon – faux – gentil

D	F	A	U	S	S	E	B
G	O	Y	G	H	M	N	O
B	L	Z	S	H	K	P	N
O	L	W	O	C	E	H	N
G	E	N	T	I	L	L	E
I	Z	S	T	A	Q	G	S
F	U	O	E	S	R	U	V

5) **Cochez les bonnes réponses.**
a) La Belle reste quelques jours de plus chez son père...
   1. parce qu'elle ne veut plus voir La Bête. ❏
   2. pour faire plaisir à ses sœurs. ❏

b) Elle décide de retourner au palais de La Bête à cause...
   1. d'un rêve. ❏
   2. d'une discussion avec ses sœurs. ❏

Chapitre V

1) Répondez par vrai ou faux.
a) La Bête meurt.
b) La Belle comprend qu'elle aime La Bête.
c) En réalité, La Bête est un beau prince.
d) Les sœurs de La Belle lui demandent pardon pour leur attitude.
e) Le prince et La Belle se marient.

2) Chassez l'intrus.
a) fée – sorcière – magicien – marchand
b) ferme – palais – roi – couronne

3) Cochez la bonne réponse.
La fée transforme les sœurs de La Belle en…
a) arbres.   ❏
b) chèvres. ❏
c) statues. ❏

4) Charade.
Mon premier se prononce comme « an ».
Mon deuxième est le verbe *chanter* au présent, à la troisième personne du singulier.
Mon troisième est le verbe *mentir* au présent, à la troisième personne du singulier.
Mon tout est une action magique réalisée par une fée.

Pour en savoir plus...

Les fleurs du jardin
Écrivez le nom de cinq fleurs du jardin en vous aidant des dessins.

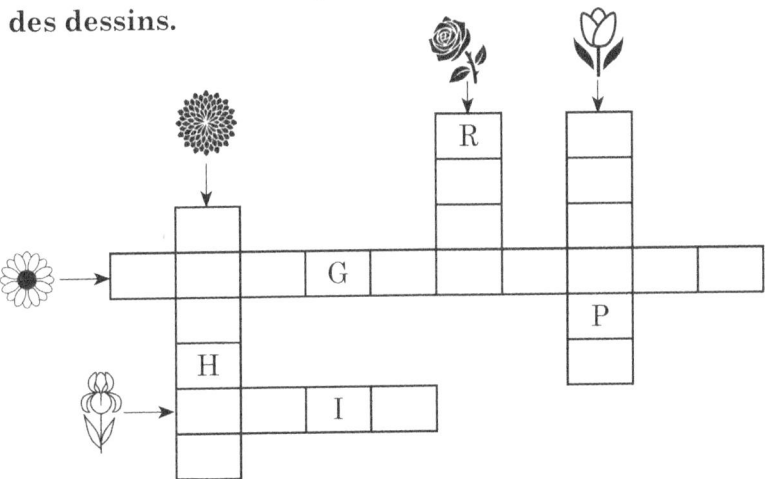

Les bijoux
Trouvez, dans la grille, le nom des bijoux suivants et l'objet que les rois et les reines portent sur la tête.

bague – bracelet – collier – alliance

B	C	Q	Y	U	Z	I	N
C	O	U	R	O	N	N	E
G	L	P	Z	B	F	J	C
A	L	L	I	A	N	C	E
L	I	T	W	G	G	D	L
M	E	S	X	U	H	K	R
B	R	A	C	E	L	E	T

Les créatures fantastiques
Reliez le nom des êtres fantastiques à leur image.

1. une sirène   a.

2. un ogre   b.

3. un dragon   c.

4. une fée   d.

5. un vampire   e.

Les contes

Reliez le titre de ces contes de Charles Perrault à leur image.

1. Le Petit Poucet   a.

2. Cendrillon   b.

3. Le petit Chaperon rouge   c.

4. La Belle au bois dormant   d.

5. Le chat botté   e.

Solutions

Chapitre I

1) a) faux ; b) vrai ; c) faux ; d) vrai ; e) faux

2) a) 3. le père perd sa fortune ; b) 2. seuls les trois frères et la Belle travaillent dur ; c) 2. admirable

3)

K	Z	M	P	I	U	G
Y	J	E	U	N	E	D
V	W	C	S	A	Q	Y
C	H	H	K	L	F	B
O	P	A	U	V	R	E
T	G	N	L	G	K	A
S	O	T	W	P	M	U

Chapitre II

1) a) vrai ; b) faux ; c) faux ; d) vrai ; e) faux

2) a) 2. vole des roses ; b) 1. une de ses filles doit venir vivre au palais ; c) 2. La Belle

3) cou – vert = couvert ; pou – let = poulet ; fro – ma – ge = fromage ; cho – co – lat = chocolat

4) le dîner ; les vêtements propres

5) a) 1. a un peu peur ; b) 2. aimable avec La Belle

Chapitre III

1) a) 1. un appartement ; b) 2. le dîner ; c) 2. sa famille ; d) 2. neuf heures du soir

2)

Z	T	A	H	F	E	M	M	E
B	G	C	Y	O	R	A	P	L
D	I	K	U	P	S	I	O	E
O	S	Q	R	E	Q	T	Y	I
I	D	B	E	U	W	R	H	S
K	R	A	I	J	X	E	D	O
P	R	I	N	C	E	S	S	E
F	N	R	E	Q	L	S	J	U
U	W	K	P	L	M	E	G	R

3) a) faux ; b) vrai ; c) faux ; d) vrai ; e) faux ; f) vrai
4) c. Elle va mettre sa bague sur la table, près de son lit.

Chapitre IV
1) a) vrai ; b) faux ; c) faux ; d) faux ; e) vrai
2) b) jalouses ; d) hypocrites ; e) méchantes
3) jour – nuit ; rose – jardin ; maître – servante ; or – bague ; chambre – lit
4)

D	F	A	U	S	S	E	B
G	O	Y	G	H	M	N	O
B	L	Z	S	H	K	P	N
O	L	W	O	C	E	H	N
G	E	N	T	I	L	L	E
I	Z	S	T	A	Q	G	S
F	U	O	E	S	R	U	V

5) a) 2. pour faire plaisir à ses sœurs ; b) 1. d'un rêve

Chapitre V
1) a) faux ; b) vrai ; c) vrai ; d) faux ; e) vrai
2) a) marchand ; b) ferme
3) c) statues
4) en – chante – ment = enchantement

➤ *Pour en savoir plus*

Les fleurs du jardin

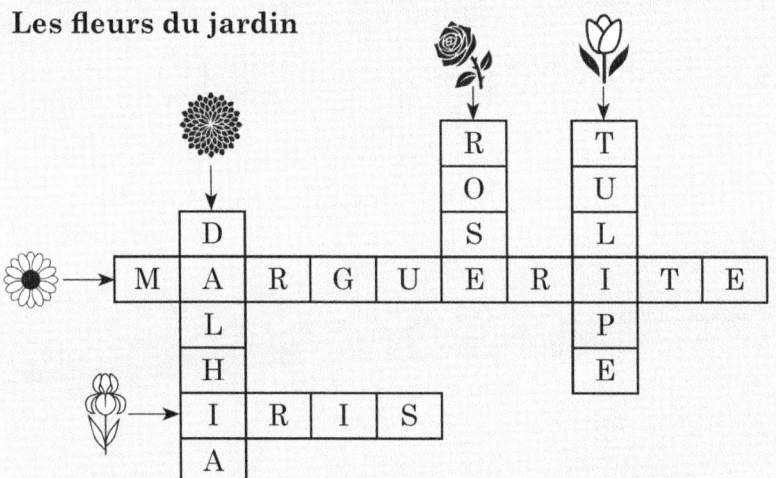

Les bijoux

B	C	Q	Y	U	Z	I	N
C	O	U	R	O	N	N	E
G	L	P	Z	B	F	J	C
A	L	L	I	A	N	C	E
L	I	T	W	G	G	D	L
M	E	S	X	U	H	K	R
B	R	A	C	E	L	E	T

Les créatures fantastiques
1 – a
2 – d
3 – e
4 – b
5 – c

Les contes
1 – b
2 – c
3 – e
4 – d
5 – a